Margit Lehmann
Wilhelm Baumgärtner

Inselfrühling im Atlantik
Fuerteventura

MARGIT LEHMANN
WILHELM BAUMGÄRTNER

Inselfrühling im Atlantik

Fuerteventura

EULEN VERLAG

Gestaltung: Klaus Eschbach
Satz und Druck: Johannes Weisbecker Frankfurt
Reproduktion: repro GmbH Kornwestheim
Einband: Hollmann GmbH Darmstadt
ISBN 3-89102-186-0

Inselfrühling im Atlantik

Der Frühling ist in nur vier Flugstunden zu erreichen: an der nordwestlichen Spitze Afrikas, nicht weit entfernt von der Straße von Gibraltar, dort wo sich unser Kontinent, das alte Europa, und der schwarze Erdteil fast berühren. Genau da ist er zu finden, wo die von den Atlantikwellen umspülten, von den Saharawinden umwehten Inseln sich zu Gruppen zusammengeschlossen haben, als ob sie so den Elementen besser trotzen könnten. Hier blühen statt Eisblumen das ganze Jahr über nur Geranien und Hibisken. Schnee und Eis, Kälte und spiegelglatte Straßen, Smog und trübe Wintertage sind Begriffe, die hier ihre Bedeutung verloren haben, die zu einer anderen Welt gehören.
Und weil das so ist, werden die Kanarischen Inseln auch nicht zu Unrecht „Inseln des ewigen Frühlings" genannt. Ein Name wie Fuerteventura erweckt trotz Chartertourismus noch immer Fernweh, die Lust zu verreisen, die Welt aufs neue zu entdecken.
Hat man sich die Kargheit der Insellandschaft wirklich so vorgestellt, wie sie sich in ihrer nüchternen Realität präsentiert? Die Wirklichkeit ist überwältigend. Die Weite und Öde ist beim ersten Besuch kaum zu begreifen. Die Ruhe der Landschaft wirkt bedrückend. Der Reisende braucht Zeit, um das scheinbare Nichts, das gänzlich Anderssein zu verarbeiten.

Schwarze Schlackefelder, dunkelbraunes Geröll werden von kahlen, zerklüfteten Bergen begrenzt. Sanft abfallende Hänge münden in kleine gelbe Sandbuchten, werden zu Felsnarben, die ins Meer hineinragen und an denen sich die Wellen des Atlantiks donnernd und schäumend brechen.
Zwischen den braunen Steinhügeln und ihrem hellgrünen dornigen Gebüsch ist die Zeit stehengeblieben. Ein Hauch von Ewigkeit liegt auf dieser Welt aus Lava und Stein. Seit Jahrtausenden unberührt bestehen noch immer die gleichen Formen, die sich beim Ausglühen des flüssigen Magmas und durch die spätere Erosion herausgebildet haben.
Dieser Ruhe und Unberührtheit schlägt das südliche Temperament der Städte entgegen, die ihren eigenen Lebensrhythmus bewahrt haben, fern jeder Hektik und Hast. Dieser sonderbare Gegensatz auf dem felsigen Eiland war es auch, der zu dem Ausspruch geführt hat: „Man kommt einmal nach Fuerte und dann nicht wieder, oder man kommt einmal nach Fuerte und immer wieder!“

So sieht er aus,
der Traum nebliger Wintertage.
So sieht sie aus,
die Sehnsucht nach Sonne und Licht:
Geröll und Steine, soweit das Auge reicht.
Schlackehalden, kegelförmig aufgetürmt,
als habe Gott Vulcanos persönlich
seine unterirdischen Feueressen gelöscht.
Jeden Augenblick können die Schlote
von neuem zu rauchen beginnen.

Doch nichts geschieht.
Alles bleibt ruhig und still.
Nur der ewige Wind
treibt dickbauchige Wolken
von Berg zu Berg.

Nur wenige Lücken zwischen den Wolken
findet die Sonne,
um das Land, das weite Nichts,
mit ihren Strahlen zu erwärmen.
Fuerteventura, die „Insel des ewigen Frühlings“,
ist wie eine spröde Geliebte —
sie will umworben und erobert sein.

Langsam beginnt das nackte Steinland
vertraut zu werden.
Es zeigt seinen schüchternen Charme,
seinen kargen Liebreiz
in den zackigen, schroffen Berghängen,
den endlosen Dünen,
der tosenden Brandung,
im stahlgrauen Teppich des Meeres.

Vergessen ist die heimische Kälte,
die alles durchdringende, klamme Nässe,
der trübe Winter Europas.
Hier verdunkeln nur selten
durchziehende Wolken
die Sonne
und lassen ihre Regentropfen
wie Tränen auf das ausgedorrte Land
niederfallen.
Hastig werden sie vom Wind gepeitscht
und treiben im Vorbeijagen
mit der Landschaft
ihr altes neckisches Spiel
von Licht und Schatten.

Verstohlen zeigt sich das Abendrot
über den Bergzügen der Montana Colorada.
Mit Riesenschritten schreitet
die Dämmerung voran,
umhüllt das Land und das Meer
mit einem feinen Schleier.
Einem Schneefeld gleich
erstreckt sich die unendliche Weite des Strandes,
gegen den silbergekrönte Wellen
vergebens anrennen.

Sonst ist es still wie ehedem.
Nur vereinzelte Möwenschreie tönen.
Der Wind pfeift sein Abendlied
und zeichnet sein Wellenmuster
auf den Rücken der Dünen.

Ein strahlender Tag kündigt sich an.
Über dem Meer steigt die Sonne
aus ihrem naßkalten Bett empor
und breitet ihre Strahlen
fächerförmig über das Land,
damit der Wüstenwind
sie trocknen kann.

Kilometerlanger, einsamer Strand wartet.
Von weitem tönen leise
menschliche Stimmen,
Lautfetzen, vom Wind aufgefangen
und herangeweht.
Einzig die tosende Brandung
unterbricht die Kirchenstille.

Sonnenhungrige mit Tragetaschen,
die Liegematten zusammengerollt,
eilen zielstrebig über den nachtfeuchten Sand
den Liegeplätzen entgegen.
Meterhohe Dünen,
Pflanzenkronen, dornig und struppig,
gewähren natürlichen Schutz
vor dem kühlenden Wind.
Am tiefblauen Himmel
ziehen vereinzelte Wolken,
die letzten Nachzügler
des gestrigen Tiefs.
Gott Sol hat seine
unumschränkte Herrschaft wieder angetreten.

Eine glitzernde Spur
zieht sein Sonnenwagen auf dem Meer,
das die Azurbläue
des Himmels übernommen hat.
Der Sand färbt sich
von hell-weiß zu ocker-gelb.
Der Mittag taucht das Land
in gleißendes Licht.
Wärmend fallen die Sonnenstrahlen
auf die nackte Haut,
während der Wind
unvermindert Meereskühle heranweht.
Nur wenige Menschen
vertrauen sich dem nassen Element an,
um dann hastig,
von der Kälte erschreckt,
wieder ans Ufer zu eilen.

Strand-Fuerteventura

Sandufer wechselt mit Steinen und Felsen,
die feuerspeiende Berge
vor Urzeiten ins Meer warfen —
erstarrtes Magma.
Sie sind heute die Spielzeuge der Wellen,
die ihre Kunst daran versuchen
und ständig neue Formen modellieren.

Ein Hauch von Ewigkeit
durchweht diese Welt aus Steinen und Felsen,
aus Sand und erstarrter Lava.
Jahrtausende gingen ins Land,
als sei es bloß ein Augenblick gewesen.
Vergangenheit wird zur Gegenwart,
die Zukunft erahnend.

Fast körperlich ist die Stille zu spüren,
die alle Hast und Unruhe vertreibt.
Eilig haben es nur die Wolken,
Wattebausche auf tiefblauem Grund
ziehen, vom Wind getrieben,
über das Land und das Meer.

Steinmauer am Hafen von Corralejo
L. Lehmann

Sandhügel auf Sandhügel
begleiten das schlangengleich
sich durch die Landschaft windende Asphaltband.
Palmen ziehen am Wegrand vorbei,
Häuser, schmutzig-weiß,
Straßen und Menschen erscheinen wie im Traum,
schemenhaft, unwirklich,
und verschwinden,
nur im Rückspiegel des Autos
für einen Augenblick noch sichtbar.
Alleenartig führt die Straße
ins eigentliche Corralejo,
dem ehemaligen Fischerdorf,
das mit Gewalt aus seinem
Dornröschenschlaf gerissen wurde.

Hotels, Gaststätten und Banken,
die Tempel der Moderne,
tasten sich von den Außenbezirken
langsam und unaufhaltsam
in das Herz des alten Ortes vor.
Geschäftiges Treiben erfüllt die Straßen.
Lautes Stimmengewirr zeugt von Leben,
südlich, temperamentvoll,
aber auch von Geschäftssinn,
wenn es darum geht,
die Waren, Souvenirs
an den Fremden zu bringen.
Ruhig ist es dagegen
in den engen, ungepflasterten,
winkligen Gassen,
die alle zum Hafen führen,
dem früheren Mittelpunkt des dörflichen Lebens.

Hier ist die alte Geselligkeit noch zu finden.
Da trifft sich der Nachbar mit dem Nachbarn;
und sie warten gemeinsam auf die Fischer,
um deren Beute zu begutachten
oder zu erwerben.
Die Tore zum Herzen
sind weit geöffnet.
Keiner wird abgewiesen.
Zeit hat man hierzulande genug,
so daß selbst Fremde üppig damit beschenkt werden.
Stühle vor der Haustür
laden zum Verweilen,
zum gemütlichen Plausch,
um zu erfahren,
was es Neues in der Welt gibt.

- Hier hat der Winter
sein Blau
in der Sonne gewärmt.
L. Lehmann 87

Oder man spaziert am Kai
entlang einer ganzen Armada von Segelschiffen,
die auf dem zart sich kräuselnden Wasser
der wellengeschützten Bucht
ruhig vor sich hin schaukeln.
Allmählich kommen sie heran,
die Männer in ihren Booten,
beladen mit den Meeresfrüchten,
die sie dem Ozean nach harter Arbeit
abgerungen haben.
Kisten voll zappelnder Fische,
die von schreienden Möwen
gierig umkreist werden.
Noch ist die Arbeit nicht getan,
das Tagwerk nicht vollendet.
Die Fracht will gelöscht,
die Neugier der Umstehenden gestillt sein.
Viel gibt es zu tun
und noch mehr zu erzählen.

Währenddessen blüht das Leben
auf den Boulevards, den Straßen,
in den Cafés und den Läden.
Es wird gekauft und verkauft,
flaniert und geschäkert
unter Palmen, auf dem Asphalt,
dazwischen Autohupen und Abgase,
bunt verwoben und gemischt
mit wenig Einheimischem
und viel Fremdem.
Stumm und gelassen
blicken die nahen Berge
auf diesen städtischen Trubel
in der sicheren Gewißheit,
auch diese Zeiten zu überstehen.

Zum Greifen nahe
und dennoch weiter als gedacht
liegt die kleine Schwester,
Lobos, das einsame Eiland,
unbewohnt und menschenfeindlich,
eine Wüste aus Stein,
mit seinen Buchten und Riffen
ein Zufluchtsort für Möwen
und ein Paradies für Fischer.
Klares Atlantikwasser verführt zum Baden.
Feinsandige, weite Küsten
und die ewige Melodie des Meeres
laden ein zum Verweilen, Träumen und Lauschen.
Dunkel, ernst und gewichtig
steht im Rücken der schwarze Berg —
so wie es seit Urzeiten war
und wie es auch in Zukunft sein wird.

Zwischen den grauen Felsen
duckt sich ein flaches Haus,
schmiegt sich an die Erde,
sucht hinter Bodenwellen Schutz
vor dem rauhen Wind der See
und der Gischt der Wellen,
die sich unentwegt und ohne Ermüden
auf die Klippen stürzen
und zu tausend Teilchen zerschellen.

Hinter dem Haus ein zweites,
dazwischen eine Gasse,
schmal und verschlafen
in der prallen Mittagssonne.
Antonio, der Fischer,
selbst Gast auf der Insel,
lädt zum Ausruhen ein,
zu Essen und Trinken,
je nach Belieben.

H. Lehmann 97

Doch nicht immer klingen Stimmen
durch die rostbraunen Türen,
hört man Schritte auf dem gestampften Boden,
Klirren und Klappern in der Küche,
fleißiges Werken und freundliche Bedienung.
Wenn die Sonne über die Bucht hinüberwandert,
sich den Berghängen Fuertes zuwendet,
um dann kurz darauf im Meer zu versinken,
wird es Zeit für den Wirt und seine Gäste,
das Boot zu besteigen
und die ungastlich-gastliche Insel zu verlassen.

Jetzt sind das Haus und das Land
wieder der Macht des Windes,
des alleinigen Herrschers, ausgeliefert,
der abends noch schärfer zu pfeifen beginnt
und freudig durch die Gassen fegt:
die Stufen hinauf und hinab,
an den Türen rüttelt
und aufs offene Meer hinaustobt,
um sein ausgelassenes Spiel
von neuem zu beginnen.

Corralejo rückt immer näher
mit seinen weißen Häusern,
dem Leuchtturm am Hafen,
der wie ein ausgestreckter Finger
die Schiffe warnt
und Zeichen setzt:
hier ist die schützende Bucht,
hier haben die Fluten ihre Macht verloren,
wurden gezähmt und beruhigt.
Unterdessen treiben die Elemente draußen auf See
ihr Spiel mit dem Boot und den Menschen:
sie heben und senken und schleudern sie
durch Wellenberge und -täler,
bis die Landnase umschifft,
die Mole erreicht
und der Anker geworfen ist.

Zufrieden blickt Antonio.
Der Wirt und der Fischer
hat sein Tagwerk vollbracht.
Jetzt kann er nach Hause gehen,
breitbeinig und schwer,
in der Hoffnung,
daß der morgige Tag ähnlich erfolgreich wird.
Und wenn nicht:
„Mañana", morgen oder irgendwann,
so wie das Schicksal es will.
Sein Blick ist geradeaus gerichtet,
so sieht er nicht,
daß der Himmel immer blasser,
das Meer immer dunkler wird,
der Abend seinen Mantel ausbreitet.
Oft schon hat er das erlebt,
Tag für Tag das gleiche Bild
zur gleichen Stunde.

Auch dieser Morgen ist wie alle anderen.
Langsam, nur schrittweise
weicht die samtschwarze Nacht
dem dunkelblauen jungen Tag.
Ganz weit weg,
dort, wo sich Himmel und Erde berühren,
teilt ein heller Streifen
das Licht des Morgens von der Finsternis der Nacht.
Allmählich breitet er sich aus,
umhüllt Land und Meer mit seinem Schleier.
Alles scheint
auf die ersten Sonnenstrahlen
zu warten.
Sobald sie da sind,
strahlt die Natur
in alter — neuer Pracht.

Die „Insel des Frühlings“
bewahrt ihr Gesicht,
in der Kargheit die Fülle.
Die Farben und Nuancen
wechseln von Dunkel zu Hell und umgekehrt.
Und alle Tage das gleiche Bild
von blühenden Formen,
von der Muschel im Sand
bis zu den Spitzen der Berge:
alles scheint unverändert,
war und bleibt, wie es ist.

Margit Lehmann, geboren 1940 in Neu-Ulm, lebt und arbeitet als freischaffende Malerin in Asperg/Stuttgart. Künstlerische Ausbildung bei den Professoren Schlegel, Stuttgart und Strasser, Hildesheim-Kassel. Mitglied im Bund Bildender Künstlerinnen Württemberg e.V., Stuttgart, INTER-ART e.V., Stuttgart, Kunstvereine Stuttgart und Ludwigsburg und Mitgründerin der 'Asperger Gruppe'. Seit 1977 Einzel- und Gruppenausstellungen im In- und Ausland.

Wilhelm Baumgärtner, 1952 in Hermannstadt geboren, nach Schulbesuch Studium der evangelischen Theologie in Hermannstadt und der Geschichte und Germanistik in Konstanz und Erlangen. Seit 1984 in der Redaktion der „Bietigheimer Zeitung" tätig, seit 1985 Kulturredakteur dieser Zeitung.